Baja tus sueños de la nube y vívelos

Claves prácticas para vivir tus sueños y metas

Por Edaliz Pacheco Díaz

Índice

Baja Tus Sueños De La Nube Y Vívelos

Claves prácticas para vivir tus sueños y metas

EDALIZ PACHECO

Introducción

Parece ser que siempre estamos soñando despiertas. Aveces mientras procuramos que nuestros seres amados o nuestros patronos tengan sus necesidades cubiertas,

una pequeña voz nos recuerda que tenemos metas, sueños y anhelos esperando por nosotras. De repente se enciende el fuego en nuestros corazones.

Hemos escuchado que la mente es poderosa. Lo que pensamos intencionalmente puede ser realidad. Es cierto. Pero a menos que alguna de nosotras posea habilidades telequinésicas, sería rarísimo que los sueños se cumplan sin la necesidad de mover un dedo. Aunque a diferencia de las metas los sueños no requieren una serie de pasos y aveces no puedes estimar el tiempo en que se cumplirán, sí es posible poner nuestra cooperación y todo el empeño para alcanzarlos. Tener un espíritu emprendedor, ser madres, o mujeres creativas (que por naturaleza e instinto lo somos) nos capacita aún más para que podamos ver nuestros sueños realizados. Con esto quiero decir que precisamente hasta las mujeres que no han parido, pueden dar a luz sueños. ¿Y cómo es posible?

En mi experiencia, he visto que esta dinámica se da en 5 etapas:

1. Concepción del sueño. Es cuando aparece en tu interior

2. Visión del cumplimiento. (Puedes imaginar cuándo lo vivirás)

3. Visualización del contexto y el ambiente favorable en el que será una realidad.

4. Trayectoria. Es la aventura, los riesgos que tomas, el aprendizaje que obtienes, tu fortalecimiento y transformación para ver tu sueño suceder

5. Nacimiento del sueño

Claves reales para vivir tus sueños y metas

1. **Debes creer que lo puedes alcanzar.** Si no crees en ti y por ti, nadie más lo hará. Porque hasta para pedir apoyo en lo que emprendas, debes tener la seguridad de que lo que estás haciendo es importante y valioso; de manera que tus posibles recursos lo vean reflejado en ti

2. **Cuando tuviste la revelación, ya una parte de ti lo alcanzó y lo manifestó.** Recuerda que la mente es poderosa. Por ejemplo, aveces los padres le dicen a los hijos que no corran porque se van caer, y eso es

precisamente lo que ocurre momentos después. Puedes tomarlo como sentido común. Pero si ya lo visualizaste y no haces algo más para impedirlo, de seguro ocurrirá.

3. **¿En qué ambiente ves que se va a dar tu sueño? Es requisito emprender el viaje para llegar al destino.** Un sueño es diferente de una meta cuando el primero requiere que hagas ajustes en tu carácter. Si tu sueño es un viaje a Europa o Asia, sabes que es muy caro. Es un casi imposible si no ahorras una gran suma de dinero para los gastos inminentes que harás. Si tú no eres el tipo de persona disciplinada en el tema de los

ahorros, ya sabes que tienes que cambiar tu actitud entorno al dinero.

Si tu sueño es ayudar a una comunidad o ejercer una posición de liderazgo, que te permita influenciar positivamente alguna entidad, como puede ser tu empresa, la compañía para la cual trabajas o hasta tu familia, también necesitas hacerte una autoevaluación. Debes conocer qué recursos tangibles e intangibles necesitas y qué capacidades tienes para alcanzar ese sueño. Aquí algunos ejemplos de esos detalles:

   a) Tus cualidades, fortalezas y debilidades

   b) Tu testimonio y tu experiencia

   c) Tus frutos (Pueden ser colaboraciones en áreas relacionadas a tu objetivo. El impacto que causaste o causas es lo que te da la credibilidad para abrirte puertas)

4. **Enfócate en la trayectoria y no en el fin del viaje.**

   a) Recopila los recursos y las herramientas que necesitas llevar contigo a lo largo del proceso. No siempre los tendrás todos. Pero no es razón de peso para detenerte. Puedes trabajar con lo que sí tienes mientras tanto. Por ejemplo: Regístrate en cursos gratuitos, adquiere lecturas, videos, testimonios de personas que tuvieron éxito en tu área de interés. Aveces pensamos que si otros alcanzaron la posición que tú quieres, ya no hay espacio para nosotras. Pero eso no es cierto. Si lo fuera, los escritores no tendrían razón de ser, porque significaría que ya todos los lectores fueron capturados. Lo mismo aplica para los maquillistas, artistas en general y compañías de servicios o productos. Tú tienes algo que aportar que nadie más tiene.

b) Agenda. En mi libro <u>Mamá Vive Tus Sueños</u> hablo sobre el uso de herramientas de planificación, como: la agenda, el calendario impreso o digital, el tablero de visión (vision board) o un diagrama impreso o digital. Otra manera de planificarte que menciono, es el rendir cuentas de tus gestiones y de tu progreso. Puedes utilizar una agenda para colocar tus compromisos y responsabilidades. También para dividir el tiempo que empeñas en cada tarea. En cuanto al uso del calendario, yo recomiendo que sea ese que tiene recuadros grandes para escribir eventos. De manera que puedas colocar usar tu creatividad para motivarte cuando ves cuánto has logrado y avanzado.

Ahora bien. ¿Cómo puedes rendir cuentas para mantenerte en la ruta hacia tu sueño? En mi experiencia, he empleado dos sistemas: las personas y la cápsula de tiempo. Cuando tienes alguien que te impulsa y te recuerda que no tienes tiempo que perder, logras más que si te quedas a contemplar la montaña de quehaceres y no comienzas a escalar. Por otro lado, la cápsula del tiempo es un elemento espectacular para llevar récord de tus logros mes a mes, o anual. Incluso puedes crear una cápsula que recopile todo lo que has alcanzado en un periodo de cinco años. Recordar cuán lejos has llegado te coloca en la mentalidad del "yo puedo" como mujer, como madre, como empresaria o líder.

5. **Aquí está el misterio del nacimiento de tu sueño.** Quiero que vuelvas a ese momento en el que apareció esa meta, ese sueño en tu mente y en tu corazón. Piensa en cómo te sentiste. Esas mismas energías y esa emoción que te dio es precisamente lo que debes conservar dentro de ti para trabajar con la fe y el entusiasmo que necesitas para alcanzarlo. Hazte un favor y visualízate justo donde quieres estar. Ver los sueños de otras personas y sus cuentos de hadas no te va a transportar hacia los tuyos. Tampoco hay espacio para pensar que tu oportunidad se acabó porque alguien más la obtuvo.

TE TOCA A TI

Cuando te pones las botas de trabajo y te enrollas las mangas, arrebatas tu momento para brillar. Imagínate que tú eres el detonante para que tu familia, tus amigos, tus socios de negocio o empleados y tu comunidad crean por sus sueños y los alcancen. ¿Quién dijo que es fácil? Sería un engaño creer que lo es. Hasta el momento en el que escribí esta guía para dar el mensaje en forma de charla, yo misma forcejeaba con mi voluntad, con el cansancio y con mi mente abrumada por todas las responsabilidades que tengo con mi hogar y con mi familia. Pero del mismo modo ellos son parte de la energía que me dan mis sueños; y el verte realizada dentro del cumplimiento de tu visión. Ahora te toca a ti.

RECONOCIMIENTOS

A Dios que me da las fuerzas que no tengo en ocasiones para lograr lo que en mis propias fuerzas no podría. Por encender en mí la pasión por ayudar a otras mujeres y madres a alcanzar sus sueños. Porque me place dar lo que por gracia he recibido. A mi esposo que siempre cree en mí y me inspira cada día con la valentía y el coraje que se levanta cada mañana a luchar por nosotros, su familia.

Porque a pesar de mis imperfecciones él puede ver todo lo que sí tengo para alcanzar mi máximo potencial, al igual que Dios lo ha hecho desde antes de que naciera.

Sobre la Autora

Edaliz Pacheco posee una maestría en Comunicaciones con especialidad en Redacción para Medios, de la Universidad del Sagrado Corazón en San Juan, Puerto Rico. Comenzó su trayectoria profesional con su proyecto de tesis titulado: Padres y Madres 101, un prototipo de revista para la familia. Luego de adquirir su maestría, Edaliz trabajó en publicidad para redes sociales. En el 2017 cuando la escritora se convirtió en madre, decidió quedarse en su casa para cuidar a su bebé exclusivamente; y comenzó un blog para madres llamado
www.momdoesitbetter.com

Otras publicaciones en las que Edaliz trabajó son:

- *I Look Magazine*, revista de moda y farándula
- *OWN*, revista de moda y farándula
- www.xpresionreal.com blog de la autora
- *Mamá, Vive Tus Sueños*, (e-book) guía para madres

Sigue a Edaliz Pacheco en redes sociales:

Facebook.com/momdoesitbetter

Instagram.com/momdoesitbetter